LO MEJOR DEL DEPORTE DE TODOS LOS TIEMPOS

G.O.A.T. EN EL BALONCESTO

MICHAEL JORDAN, LEBRON JAMES Y MÁS

JOE LEVIT

ediciones Lerner ◆ Mineápolis

Título original: *Basketball's G.O.A.T.: Michael Jordan, Lebron James, and More*

La traducción al español fue realizada por Zab Translation.

ediciones Lerner
Una división de Lerner Publishing Group, Inc.
241 First Avenue North
Mineápolis, MN 55401, EE. UU.

Si desea averiguar acerca de niveles de lectura y para obtener más información, favor consultar este título en www.lernerbooks.com.

Fuente del texto del cuerpo principal: Aptifer Sans LT Pro.
Fuente proporcionada por Linotype AG.

Library of Congress Cataloging-in-Publication Data

Names: Levit, Joseph, author.
Title: G.O.A.T. en el baloncesto (basketball's G.O.A.T.) : Michael Jordan, LeBron James y más / Joe Levit.
Other titles: Basketball's G.O.A.T. English
Description: Mineápolis, MN : ediciones Lerner, [2023] | Series: Lo mejor del deporte de todos los tiempos (Sports' greatest of all time) (Lerner sports en español) | Includes bibliographical references and index. | Audience: Ages 7–11 years | Audience: Grades 4–6 | Summary: "In this fun top-ten book, readers will learn all about basketball's biggest stars! With exciting photos, interesting stats, and more, sports fans will find plenty to cheer about. Now in Spanish!"— Provided by publisher.
Identifiers: LCCN 2022016586 (print) | LCCN 2022016587 (ebook) | ISBN 9781728477350 (Library Binding) | ISBN 9781728478142 (Paperback) | ISBN 9781728480176 (eBook)
Subjects: LCSH: Basketball players—United States—Biography—Juvenile literature. | Basketball players—Rating of—Juvenile literature.
Classification: LCC GV884.A1 L4818 2023 (print) | LCC GV884.A1 (ebook) | DDC 796.357092/2 [B]—dc23/eng/20220509

Fabricado en los Estados Unidos de América
1-52371-50728-4/27/2022

CONTENIDO

Armond Hill realiza un tiro para los Atlanta Hawks a finales de la década de 1970. Los Hawks se llamaban Tri-Cities Blackhawks cuando se formó la NBA en 1949.

¡ENCESTA!

Cada temporada, los aficionados de la Asociación Nacional de Baloncesto (National Basketball Association, NBA) hablan de quién merece el premio al Jugador Más Valioso (Most Valuable Player, MVP). El premio se otorga al mejor jugador de la liga en esa temporada. Pero, ¿pensaste alguna vez en los mejores jugadores de la historia de la liga? Esto es algo más difícil de determinar. ¿Cómo se pueden comparar jugadores de distintas épocas?

DATOS DE INTERÉS

HAKEEM OLAJUWON bloqueó 3,830 tiros en su carrera, más que cualquier otro jugador en la historia de la NBA.

LARRY BIRD ganó el MVP de la temporada regular tres años seguidos, de 1984 a 1986. Llevó a los Boston Celtics a la victoria en las Finales de la NBA en dos de esas temporadas.

DIANA TAURASI es la líder histórica de la WNBA en puntos con 8,549. Sus 1,835 asistencias son las cuartas de todos los tiempos.

WILT CHAMBERLAIN anotó 100 puntos en un solo partido, la mayor cantidad en la historia de la NBA.

La NBA se formó en 1949. De 1967 a 1976, una liga profesional llamada Asociación Estadounidense de Baloncesto (American Basketball Association, ABA) compitió con la NBA. A diferencia de la NBA, la ABA permitía los tiros de tres puntos. Los tiros de tres puntos le agregaban emoción a los partidos de la ABA. Las dos ligas se unieron en 1976. Pero la NBA no adoptó el tiro de tres puntos hasta 1979. La regla cambió el año en que Larry Bird se unió a la liga. Se aprovechó de ello y encestó 649 tiros de tres puntos en su carrera.

El baloncesto femenino se convirtió en un deporte de los Juegos Olímpicos en 1976. En 1997, los propietarios de la NBA crearon la Asociación Nacional de Baloncesto Femenino (Women's National Basketball Association, WNBA). La liga profesional comenzó con ocho equipos y llegó a tener 12 en 2010. El éxito de la WNBA ayudó a que grandes jugadoras se convirtieran en estrellas en Estados Unidos.

Kim Perrot, de los Houston Comets, pasa a una defensora mientras bota la pelota. Las Comets ganaron los cuatro primeros campeonatos de la WNBA.

La NBA moderna cuenta con 30 equipos repartidos por Estados Unidos y Canadá.

Los jugadores que aparecen en este libro merecen ser llamados los mejores de todos los tiempos (G.O.A.T., por sus siglas en inglés). Quizás no estés de acuerdo con el orden de los jugadores. Puede que tus amigos también clasifiquen a los mejores jugadores de baloncesto de forma diferente. Tal vez sientas que alguien importante se ha quedado fuera. Atletas notables como Kobe Bryant, Sheryl Swoopes, Oscar Robertson, Shaquille O'Neal y Bill Russell quedaron afuera. Está bien no estar de acuerdo. Pensar en los grandes jugadores profesionales y formarse una opinión propia sobre ellos es el objetivo de este libro.

N.° 10

HAKEEM OLAJUWON

Hakeem Olajuwon llevó a los Houston Rockets a dos campeonatos consecutivos en 1994 y 1995. Era una pesadilla para los defensores. Olajuwon es uno de los cuatro jugadores de la historia de la NBA que consiguió un doble cuádruple. Lo hizo en 1990 con 18 puntos, 16 rebotes, 11 tiros bloqueados y 10 asistencias en un juego. Su rápido juego de pies lo ayudó a eludir a los defensores

cerca del cesto. Giró hacia un lado antes de girar rápidamente hacia el otro lado para realizar un tiro abierto. El movimiento, llamado Dream Shake, era casi imposible de defender.

Olajuwon era igual de bueno en la defensa. Fue dos veces ganador del premio al Jugador Defensivo del Año de la NBA. Sus 3,830 tiros bloqueados son la mayor cantidad de la historia. Es el noveno jugador de todos los tiempos con 2,162 robos, una estadística increíble para un pívot. En la temporada 1993–1994, sus habilidades lo ayudaron a convertirse en el primer jugador en ganar el premio MVP de la NBA, el premio MVP de las Finales y el honor de Jugador Defensivo del Año en la misma temporada.

ESTADÍSTICAS DE HAKEEM OLAJUWON

- Fue seis veces primer equipo de la All-NBA.
- Ganó el premio MVP de la NBA en la temporada 1993–1994.
- Ganó el premio MVP de las Finales de la NBA en 1993–1994 y 1994–1995.
- Fue cinco veces parte del primer equipo All-Defensive.
- Es el tercero de todos los tiempos con 3.1 tiros bloqueados por partido.

N.º 9

MAYA MOORE

Maya Moore puede hacer casi todo en una cancha de baloncesto. Coge rebotes y juega una dura defensa. Anota cerca y lejos de la cesta. Sus habilidades la convirtieron en una de las jugadoras de baloncesto más exitosas de la historia. En 2010, Moore se convirtió en la máxima anotadora de todos los tiempos de las Huskies de la Universidad de Connecticut. También ayudó al equipo a ganar dos campeonatos nacionales durante su carrera universitaria.

Moore siguió ganando después de la universidad. Ella y el equipo de Estados Unidos ganaron medallas de oro en los Juegos Olímpicos de 2012 y 2016. Sin embargo, sus mayores éxitos pueden haber llegado en la WNBA como miembro de las Minnesota Lynx. Moore ayudó a su equipo a llegar a las finales de la WNBA seis veces en sus primeras siete temporadas. Ganaron cuatro campeonatos durante ese tiempo. En el camino, Moore se convirtió en la líder histórica de las Minnesota en triples, robos y tiros bloqueados.

ESTADÍSTICAS DE MAYA MOORE

- Ganó el premio a Novata del Año de la WNBA en 2011.
- Ganó el premio MVP de la WNBA en 2014.
- Formó parte del primer equipo All-WNBA cinco veces.
- Ganó el premio MVP de las Finales de la WNBA de 2013.
- Es la séptima en la historia de la WNBA con una media de 18.4 puntos por partido.

N.º
8

LARRY BIRD

Lo que diferenciaba a Larry Bird de muchos jugadores de la NBA era su profundo deseo de ganar. La pasión de Bird lo convertía en un gran charlatán. Intentaba meterse en la cabeza de sus rivales. Pero respaldaba sus palabras con acciones. Bird hacía todo bien. Jugaba una dura defensa. Terminó la temporada entre los 10 primeros en rebotes nueve veces. Estuvo entre los 10 primeros

en robos tres veces. Sin embargo, los aficionados lo conocían mejor como un anotador imparable. Podía tirar el balón con un rápido movimiento de muñeca. Y era mortalmente preciso.

Los Boston Celtics ganaron tres campeonatos en los 13 años de carrera de Bird. La mejor temporada del equipo con Bird puede haber sido la de 1985–1986. Ayudó al equipo a ganar 67 de 82 partidos ese año. Solo seis equipos consiguieron ganar más partidos en una sola temporada. Los Celtics acabaron derrotando a los Houston Rockets en las Finales.

ESTADÍSTICAS DE LARRY BIRD

- Fue nueve veces parte del primer equipo All-NBA.
- Ganó el premio MVP de la NBA tres años seguidos, de 1984 a 1986.
- Ganó el premio MVP de las Finales de la NBA en 1983–1984 y 1985–1986.
- Terminó entre los cinco primeros en la votación del MVP de la NBA en nueve ocasiones.
- Sus 24.29 puntos por partido en su carrera son los 15.º mejores de la historia de la NBA.

N.º 7

TIM DUNCAN

El apodo de Tim Duncan, Gran Fundamental (Big Fundamental), dice todo lo que hay que saber sobre él como jugador. El juego de pies y otras habilidades básicas del baloncesto de Duncan eran especiales. Lo ayudaron a controlar el juego tanto en ataque como en defensa. No era llamativo. Sin embargo, sus habilidades para todo tipo de actividades lo ayudaron a convertirse en una superestrella de la NBA durante mucho tiempo. Fue una

fuerza constante durante 19 temporadas con los San Antonio Spurs. Durante ese tiempo, fue una pieza clave en algunos de los mejores equipos de la liga.

Duncan se asoció con su compañero David Robinson para ganar el título de la NBA en 1999. Robinson se retiró en 2003, pero Duncan y San Antonio siguieron ganando. Ayudó a los Spurs a ganar cuatro campeonatos más. Duncan rara vez cometía errores. A menudo saltaba para hacer un bloqueo clave o anotaba un tiro decisivo. Normalmente, realizaba una gran jugada justo cuando su equipo más lo necesitaba.

ESTADÍSTICAS DE TIM DUNCAN

- Fue 10 veces parte del primer equipo All-NBA.
- Fue ocho veces parte del primer equipo All-Defensive.
- Ganó el premio MVP de la NBA en 2001–2002 y 2002-2003.
- Ganó tres veces el premio MVP de las Finales de la NBA.
- Es el sexto de todos los tiempos en tiros bloqueados con 3,020.

N.° 6

MAGIC JOHNSON

Earvin Johnson se convirtió en Magic Johnson (Mágico Johnson) después de que un periodista deportivo lo viera anotar 36 puntos en un partido de la escuela secundaria. El escritor lo llamó Magic y el apodo quedó. Johnson encabezó los Lakers de Los Ángeles en la década de 1980. Los aficionados adoraban su gran sonrisa y su habilidad para manejar el balón. Era base, pero podía jugar bien en muchas posiciones. Su habilidad para moverse por la

cancha fue muy útil durante su temporada de novato. El pívot Kareem Abdul-Jabbar no pudo participar del sexto partido de las finales de la NBA de 1980 por una lesión en el tobillo. Johnson lo sustituyó como pívot y llevó a los Lakers a la victoria sobre los Philadelphia 76ers.

El equipo de Johnson llegó a las finales de la NBA nueve veces con él en la alineación. Ganaron el campeonato en cinco de esas temporadas. Johnson siempre encontraba al hombre sin marca y le entregaba el balón. Es el mejor jugador de todos los tiempos con 11.19 asistencias por partido. John Stockton le sigue de lejos con 10.51 asistencias por partido.

ESTADÍSTICAS DE MAGIC JOHNSON

- Fue nueve veces parte del primer equipo All-NBA.
- Ganó el premio MVP de la NBA en tres ocasiones.
- Ganó tres veces el premio MVP de las Finales de la NBA.
- Es el quinto de todos los tiempos en asistencias, con 10,141.
- Es el único jugador que ha ganado el premio MVP de las Finales de la NBA en su temporada de novato.

N.° 5

DIANA TAURASI

Un base necesita anotar desde larga distancia, y nadie lo hace mejor que Diana Taurasi. Asombró a los aficionados con su increíble disparo en la Universidad de Connecticut. Sus equipos fueron algunos de los mejores de la historia del baloncesto universitario. Llevó a las Huskies a tres campeonatos consecutivos de 2002 a 2004. Taurasi ganó el premio a la Jugadora Universitaria del Año de Naismith en 2003 y 2004.

Después de la universidad, llevó su potencia anotadora a la WNBA. Las Phoenix Mercury ganaron las finales de la WNBA en 2007, 2009 y 2014 con Taurasi a la cabeza. Nadie puede igualar su capacidad para meter el balón en el cesto. Taurasi es la líder histórica de la WNBA en puntos con 8,549. También tiene el récord de triples encestados en su carrera. Pero anotar puntos no lo es todo. Sus equipos ganan porque ella sabe que no puede hacerlo sola. Las 1,835 asistencias de Taurasi son la cuarta mayor cantidad en la historia de la liga.

ESTADÍSTICAS DE DIANA TAURASI

- Ganó el premio Novata del Año de la WNBA en 2004.
- Ganó el premio MVP de la WNBA en 2009.
- Fue 10 veces miembro del primer equipo All-WNBA.
- Ganó el premio MVP de las Finales de la WNBA en 2009 y 2014.
- Ocupa el primer puesto de la historia de la WNBA con más de 1,000 puntos.

N.º 4

WILT CHAMBERLAIN

Wilt Chamberlain era tan hábil y trabajaba tanto que dominó la NBA en las décadas de 1960 y 1970. Con más de 7 pies (2.1 m) de altura, era una amenaza para los equipos rivales tanto en defensa como en ataque. Chamberlain es el líder histórico en rebotes con 23,924. También anotó 30.07 puntos por partido. Ese promedio de carrera solo fue superado por los 30.12 de Michael Jordan.

Chamberlain nunca parecía cansarse. Durante su carrera, jugó el mayor número de minutos por partido de la historia de la NBA. En la temporada 1961-1962, promedió la impresionante cantidad de 48.5 minutos por partido. Los partidos duraban solo 48 minutos, pero Chamberlain lo superó al jugar en la prórroga.

Chamberlain fue imparable esa temporada para los Philadelphia Warriors. Promedió unos sorprendentes 50.4 puntos y 25.7 rebotes. El 2 de marzo de 1962, anotó 100 puntos en un partido contra los New York Knicks. Esa sigue siendo la mayor cantidad de puntos anotados en un partido de la NBA.

ESTADÍSTICAS DE WILT CHAMBERLAIN

- Fue siete veces parte del primer equipo All-NBA.
- Ganó el premio MVP de la NBA en cuatro ocasiones.
- Ganó el premio MVP de las Finales de la NBA en 1971–1972.
- Sus 22.9 rebotes por partido son el mejor promedio de la historia de la NBA.
- Lideró la NBA en anotaciones durante siete temporadas seguidas.

N.º 3

KAREEM ABDUL-JABBAR

Kareem Abdul-Jabbar ganó tres campeonatos universitarios consecutivos de baloncesto a finales de los años sesenta. Luego siguió ganando en la NBA durante 20 temporadas. Ganó su primer título de la NBA en 1971 con los Milwaukee Bucks. En 1975, los Bucks lo vendieron a Los Ángeles Lakers. Ayudó a Los Ángeles a ganar cinco campeonatos.

El famoso tiro skyhook de Abdul-Jabbar era casi imparable. Saltaba en el aire con un hombro hacia su oponente. Con la mano contraria, lanzaba un tiro con el brazo por encima de los dedos del defensor. El balón se desplazaba en un arco alto hacia el aro. Luego, por lo general, entraba en la red para conseguir dos puntos. Abdul-Jabbar encestó más del 50% de sus tiros en todas las temporadas, excepto en la última. Sus 38,387 puntos son la mayor cantidad anotada por cualquier jugador en la historia de la NBA.

ESTADÍSTICAS DE KAREEM ABDUL-JABBAR

- Fue 10 veces parte del primer equipo All-NBA.
- Ganó el premio MVP de la NBA en seis ocasiones.
- Ganó el premio MVP de las Finales de la NBA en 1970–1971 y 1984–1985.
- Ocupa el segundo lugar de todos los tiempos con 1,560 partidos jugados.
- Fue cinco veces parte del primer equipo All-Defensive.

N.º 2

MICHAEL JORDAN

Michael Jordan fue quizás el competidor más feroz que haya jugado en la NBA. Era conocido por realizar los tiros más grandes en los partidos más importantes y los realizaba con normalidad. Simplemente se negaba a perder. Los fans adoraban los movimientos de alto vuelo de Jordan. En un momento salta para hacer una volcada atlética y al siguiente se eleva para bloquear el tiro de un jugador más alto. Sus estadísticas eran

a menudo espectaculares. En 1987-1988, Jordan promedió 35 puntos, 5.5 rebotes, 5.9 asistencias, 3.2 robos y 1.6 bloqueos por partido. Anotó el mayor número de puntos de la NBA y ganó los premios de MVP y de Jugador Defensivo del Año.

Gran parte de lo que hacía a Jordan tan especial era su defensa. Es el tercer jugador de todos los tiempos en robos, con 2,514. El buen juego de Jordan en ambos extremos de la cancha ayudó a los Chicago Bulls a ganar seis campeonatos de la NBA. Ganaron el título tres años seguidos. Después, tras un breve retiro de dos años, Jordan volvió a la NBA para ayudar a los Bulls a ganar otros tres títulos seguidos.

ESTADÍSTICAS DE MICHAEL JORDAN

- Fue 10 veces parte del primer equipo All-NBA.
- Ganó el premio MVP de la NBA en cinco ocasiones.
- Ganó el premio MVP de las Finales de la NBA en seis ocasiones.
- Es el cuarto en la lista de todos los tiempos con 32,292 puntos anotados.
- Fue nueve veces parte del primer equipo All-Defensive.

N.º 1

LEBRON JAMES

La superestrella de los Lakers de Los Ángeles, LeBron James, saltó directamente de la escuela secundaria a la NBA. A los 23 años, llevó a los Cleveland Cavaliers a las Finales de la NBA. Desde entonces, llevó a sus equipos a las Finales ocho veces más y ganó tres títulos.

James es uno de los mejores anotadores de la NBA. Pronto superará a leyendas como Kobe Bryant, Wilt Chamberlain y Michael Jordan en la lista de puntos de todos los tiempos. James también es un defensor fantástico. Puede devastar al otro equipo con un bloqueo o un robo impresionante.

Quizá su mayor hazaña fue vencer a los Golden State Warriors en las Finales de la NBA de 2016. Los Warriors tuvieron el mejor récord de la temporada regular en la historia de la NBA. Ganaron 73 partidos y solo perdieron nueve. En las Finales, los Warriors iban ganando tres partidos a uno. Pero James se defendió con fuerza. Promedió 36 puntos por partido mientras llevaba a su equipo a tres victorias consecutivas. James y los Cavaliers se convirtieron en el primer equipo en ganar las Finales de la NBA después de ir perdiendo 3–1.

ESTADÍSTICAS DE LEBRON JAMES

- Fue 12 veces parte del primer equipo All-NBA.
- Ganó el premio MVP de la NBA en cuatro ocasiones.
- Ganó tres veces el premio MVP de las Finales de la NBA.
- Su media de 27.2 puntos por partido es la cuarta mejor de la historia.
- Fue cinco veces parte del primer equipo All-Defensive.

TU G.O.A.T.

ES TU TURNO DE HACER UNA LISTA DE LOS G.O.A.T. SOBRE EL BALONCESTO PROFESIONAL. Empieza por investigar. Considera las clasificaciones de este libro. A continuación, consulta la sección Más información en la página 31. Explora los libros y sitios web para aprender más sobre los jugadores de baloncesto del pasado y del presente.

También puedes buscar en Internet más información sobre grandes jugadores. Consulta a un bibliotecario, que puede tener otros recursos para ti. Incluso puedes intentar ponerte en contacto con equipos o jugadores de la NBA para ver qué opinan.

Una vez que estés listo, haz tu lista de los mejores jugadores de todos los tiempos. A continuación, pide a tus conocidos que hagan listas de G.O.A.T. y compárenlas. ¿Tienes jugadores que nadie incluyó en la lista? ¿Te falta alguno que tus amigos consideren importante? ¡Háblales e intenta convencerlos de que tu lista es la **G.O.A.T.!**

DATOS SOBRE EL BALONCESTO

- Shaquille O'Neal solo hizo un triple durante sus 19 años de carrera en la NBA. Encestó 11,329 dobles.
- Durante la temporada 1987–1988, tanto el jugador más alto como el más bajo de la historia de la NBA jugaron en los Washington Bullets. Manute Bol medía 7 pies y 7 pulgadas (2.3 m). Muggsy Bogues solo medía 5 pies y 3 pulgadas (1.6 m).
- En 1991, los Cleveland Cavaliers vencieron a los Miami Heat por 148–80. Este margen de victoria de 68 puntos es el mayor de la historia.
- Solo cuatro jugadores de la NBA lograron un doble cuádruple. Nadie logró nunca dobles dígitos en las cinco categorías principales de estadísticas en un solo partido.
- Solo dos jugadores promediaron un doble triple durante toda una temporada. Oscar Robertson promedió 30.8 puntos, 12.5 rebotes y 11.4 asistencias por partido en 1961–1962. Russell Westbrook promedió un doble triple en dos ocasiones, en la 2016–2017 y en la 2017–2018.

GLOSARIO

asistencia: cuando un jugador pasa el balón a otro que marca

base: jugador situado en el fondo de la cancha, lejos de la cesta

doble cuádruple: cuando un jugador alcanza dos dígitos en cuatro de las cinco estadísticas principales durante un partido. Las cinco estadísticas principales son asistencias, tiros bloqueados, puntos, rebotes y robos.

juego de pies: la posición y el movimiento de los pies de un jugador

pívot: jugador situado en el centro de la pista, cerca de la cesta

primer equipo All-Defensive: uno de los cinco mejores jugadores defensivos de la NBA según el voto de los miembros de la prensa deportiva

primer equipo All-NBA: uno de los cinco mejores jugadores de la NBA según el voto de los medios de comunicación deportivos

primer equipo All-WNBA: uno de los cinco mejores jugadores de la WNBA según el voto de los medios de comunicación deportivos

rebote: cuando un jugador coge un balón suelto tras un tiro fallado

robo: cuando un defensor le quita el balón a un jugador ofensivo sin cometer una falta

tiro bloqueado: cuando un jugador defensivo toca el balón y hace que un tiro no llegue a la cesta

MÁS INFORMACIÓN

Jr. NBA
https://jr.nba.com/

Kramer, Sydelle. *Basketball's Greatest Players*. Nueva York: Random House, 2015.

Monson, James. *Behind the Scenes Basketball*. Mineápolis: Lerner Publications, 2020.

NBA at 50: Top 50 Players
http://www.nba.com/history/nba-at-50/top-50-players

Savage, Jeff. *Basketball Super Stats*. Mineápolis: Lerner Publications, 2018.

WNBA.com
https://www.wnba.com/

ÍNDICE

CRÉDITOS POR LAS FOTOGRAFÍAS

Créditos de las imágenes: conrado/Shutterstock.com, (a lo largo de toda la página); Focus On Sport/Contributor/Getty Images, pp. 4, 8, 12, 13 (arriba y abajo), 16, 17 (arriba y abajo), 21 (abajo), 23 (arriba y abajo); DinoZ/Shutterstock.com, pp. 4, 28 (textura metálica); Doug Pensinger/Staff/Getty Images, p. 6; Stacy Revere/Contributor/Getty Images, p. 7; The Sporting News/Contributor/Getty Images, p. 9 (arriba y abajo); Grant Halverson/Contributor/Getty Images, p. 10; Kevin C. Cox/Getty Images, p. 11 (arriba); Tim Clayton-Corbis/Contributor/Getty Images, p. 11 (abajo); Tom Hauck/Staff/Getty Images, p. 14; Brian Bahr/Staff/Getty Images, p. 15 (abajo); Paul Buck/Stringer/Getty Images, p. 15 (arriba); Christian Peterson/Staff/Getty Images, pp. 18–19; Bettmann/Contributor/Getty Images, pp. 20, 21 (arriba); Stephen Dunn/Staff/Getty Images, p. 22; Jeff Haynes/Staff/Getty Images, p. 24–25; Larry W. Smith/Pool/Getty Images, p. 26; Chris Trotman/Stringer/Getty Images, p. 27 (arriba); Steve Dykes/Stringer/Getty Images, p. 27 (abajo); Sorapop Udomsri/Shutterstock.com, p. 28 (baloncesto).

Portada: Robert Laberge/Getty Images; Jonathan Daniel/Allsport/Getty Images; EFKS/Shutterstock.com.